655 1094

RÉFLEXIONS

SUR

LA LIBERTÉ DE LA PRESSE.

RÉFLEXIONS

SUR LA

LIBERTÉ DE LA PRESSE,

PAR

UN JURISCONSULTE.

Prix : 5 centimes.

PARIS,

CHEZ LEDOYEN, LIBRAIRE,

Palais-National, 3, galerie vitrée.

1849

Avis de l'Editeur.

Ces réflexions sont extraites d'un écrit qui renferme une attaque directe et sans ménagements contre la philosophie du XVIIIe siècle. L'auteur n'est pas encore décidé à le produire au jour, mais nous avons obtenu de lui la permission d'en faire paraître quelques passages, qui se trouvent de circonstance au moment où notre Assemblée vient de nous donner une loi sur la presse.

Nous les publions avec l'espérance de pouvoir offrir au public l'ouvrage entier, qui est de nature à produire une vive sensation dans les conjonctures actuelles.

Du reste, nous prévenons que l'auteur, ayant présenté dans un seul volume l'ensemble d'un assez vaste plan, ne pouvait que résumer ses pensées sur chacun des objets qu'il passait en revue. Le lecteur ne doit donc s'attendre à trouver ici que des réflexions, cômme nous l'annonçons.

RÉFLEXIONS

SUR

LA LIBERTÉ DE LA PRESSE.

———

Le principe de la libre circulation des pensées, comme tous ceux dont nous ont infestés les philosophistes du XVIIIᵉ siècle, est faux, désorganisateur, anti-social.

Les imprudents! ils nous ont accordé le droit de tout dire, pour fournir à l'homme les moyens de prouver jusqu'à quel degré d'abjection il tombe lorsqu'on l'abandonne à lui-même; ils nous ont accordé le droit de tout faire, pour fournir à l'homme les moyens de donner la mesure de sa férocité.

Non! ces écrivains n'étaient pas des philosophes, ce n'étaient que des rêveurs, des visionnaires. Pauvre encens que je brûle aux pieds de leurs statues semi-séculaires, élevées par l'admiration, la religion de nos pères! Nos pères se trompaient, ils avaient un bandeau sur les yeux : ils adoraient de faux dieux. Mais nous avons rejeté loin de nous le bandeau, l'illusion s'est dissipée aussitôt ; les divinités si long-temps révérées ne sont plus pour nous que des dieux malfaisants, ennemis de l'humanité, qu'ils ont poussée sur une mer calme en apparence, mais sillonnée de courants perfides qui nous entraînent sur des écueils contre lesquels nous devons nous briser, sans espoir de secours, si nous hésitons un seul instant à virer de bord, à revenir bien loin en arrière.

Plus de culte pour ces génies sataniques, vouons-les aux dieux infernaux ; précipitons leurs images dans les catacombes, pour les soustraire à la connaissance de la postérité.

———

Sans la moindre objection, je donne mon approbation à la liberté des opinions. Il fallait un tribunal de l'inquisition pour fouiller les pensées, comme l'anatomiste avec son scalpel fouille, consulte notre cœur, notre encéphale. Notre conscience est réfugiée dans un asyle sacré, impénétrable aux investigations de qui que ce soit.

Pourquoi n'a-t-on pas le droit de l'interroger ? Parce que nos opinions, renfermées en nous-mêmes, sont sans danger pour personne. En est-

il de même lorsqu'elles se manifestent au dehors?
Non. Aussi je conteste le droit, *sans restriction*,
de publier ses pensées par tous les moyens pos-
sibles.

Le droit de publier ses pensées est réclamé
comme *droit naturel*. Grave erreur. L'homme
en société ne peut se prévaloir que du *droit naturel* de satisfaire aux besoins qu'il tient de la
nature. Quant aux besoins factices nés de ce que
nous appelons la civilisation, la nature, n'y étant
pour rien, ne doit pas être invoquée par ceux
qui les éprouvent ou qui veulent les entretenir
dans la société; ici tout est conventionnel. Or,
l'homme, en se rassemblant en société, a-t-il pu
apporter avec lui le *droit naturel* de publier ses
pensées, puisqu'il sortait d'un état de choses où
il savait à peine ce que c'était que de penser, où
il ne savait ni lire ni écrire, où il n'existait ni en-
cre, ni papier, ni imprimeurs? c'est-à-dire un
droit que l'homme, dans l'état de nature, ne
peut pas seulement soupçonner, pas plus que la
nature elle-même. Non, évidemment non! Ainsi,
sollicitez la libre circulation des pensées, si vous
la jugez bonne, mais ne la réclamez pas comme
un *droit naturel;* acceptez-la comme une tolé-
rance, comme une concession, que la société
peut limiter, même révoquer, toutes les fois qu'elle
croit en souffrir.

Mais j'admets qu'elle soit un droit naturel, s'ensuivrait-il que la société fût privée de la faculté d'en régler, d'en restreindre l'exercice? Le mariage n'est-il pas une restriction à l'exercice d'un droit naturel? En droit naturel, la terre appartient à tous, et pourtant la société s'est trouvée dans la nécessité de la diviser par lots, qu'elle a distribués à un petit nombre, attendu que, la terre n'appartenant à personne, personne ne la cultiverait, et que, chez aucun peuple, elle ne produirait plus assez pour la subsistance de tous.

Je vais citer un autre exemple. Philanthropiquement parlant, quel droit naturel serait plus respectable que celui de secourir son semblable, de combattre ses maladies, ses infirmités, ses souffrances, de soigner ses blessures? Cependant, la justice m'infligera une peine si je prescris des médicaments sans y être autorisé. Les médecins, les chirurgiens, les sages-femmes, les pharmaciens, les herboristes, ne peuvent prendre ces titres qu'en vertu d'un brevet constatant qu'ils ont été reconnus posséder les connaissances requises pour mériter la confiance du public.

Il en est de même de la libre circulation des pensées. Que se proposent les écrivains? D'instruire, d'intéresser ou d'amuser. Eh bien! la société a *pour devoir* de ne leur permettre de s'adresser au public qu'après avoir prouvé ou qu'ils sont en état de l'instruire, ou qu'ils présentent les garanties nécessaires pour qu'il n'y ait rien à craindre de leurs écrits offerts, aux lecteurs pour leur délassement. Et encore, la société a mission de les surveiller, de même qu'elle surveille les herboristes pour s'assurer qu'ils ne débitent pas de plantes vénéneuses.

Au surplus, la publication littéraire des pensées se divise en trois branches : les livres, les ouvrages dramatiques et les feuilles quotidiennes.

Pour les livres, peut-être pourrait-on dire, à la rigueur, qu'ils ne sont pas dans le cas de produire un grand mal ; lus dans le silence du cabinet, par des hommes d'études, pacifiques par conséquent par des hommes isolés, le mal qu'ils pourraient renfermer ne saurait être contagieux, il ne se répandrait pas au delà de l'enceinte des bibliothèques. Et cependant quels ravages ont causés les livres qui ont inondé le XVIIIᵉ siècle, livres qu'il a fallu faire imprimer à l'étranger, nos lois permettant à l'autorité d'en empêcher la publication en France ! Ces lois n'avaient-elles pas raison ? Enfin, je n'insiste pas sur ce genre d'écrits, qu'en règle générale on peut considérer comme sans danger grave, pourvu que la société puisse en arrêter la circulation au moment de leur apparition, s'ils sont jugés dangereux. C'est, au lieu de la censure avant, la censure après, telle

que la reconnaît nécessaire l'art. 11 de la déclaration des droits de l'homme, placée en tête de la
Constitution de 1791, qui, permettant à tout citoyen de parler, d'écrire, d'imprimer, ajoute :
« sauf à répondre de l'abus de cette liberté dans
les cas déterminés par la loi. » Je voudrais plus,
mais enfin je me contenterais de cette garantie
pour les livres de bibliothèque.

Quant aux pièces de théâtre, en proclamant la
liberté de la presse, quelques uns des législateurs
de 1791 eux-mêmes avouaient que des ouvrages de ce genre, représentés devant une assemblée compacte, impressionnable, pouvaient amener de grands malheurs, et peut-être peut-on
leur soupçonner l'intention tacite de réserver aux
autorités le pouvoir de prévenir ces malheurs par
une censure préventive, si elles jugeaient à pro-
pos d'y avoir recours.

En effet, le quatrième paragraphe de l'art. 3
du titre 1er de la Constitution de 1791 comprend
dans les droits garantis par elle : « la liberté à
tout homme d'écrire, d'imprimer et publier ses
pensées, sans que *ses écrits* puissent être soumis
à aucune censure ni inspection avant leur publica-
ion. »

Or un ouvrage dramatique, en tant qu'il oc-

cupe la scène, est-il un *écrit* ? Peut-il jouir du
privilége, accordé par la liberté de la presse, qui,
d'après ces termes : *De la presse*, ne semble ap-
plicable qu'aux œuvres livrées à l'impression ?

La Charte de 1814, avant et après avoir été
révisée en 1830, dit textuellement : « Les Français ont le droit d epublier et de faire imprimer
leurs opinions. » Une comédie, une tragédie, un
drame, un vaudeville, ont-ils pour but de déve-
lopper une *opinion ?*

L'on voit que la question n'est pas aussi facile
à résoudre qu'on pourrait le supposer au premier
aperçu. Il me semble possible cependant de la
simplifier.

Supposons un orateur montant sur un tonneau,
dans un carrefour, pour pérorer devant le peuple,
le haranguer, lui débiter les idées qui lui passent
par la tête. Si elles sont saines, qu'il parle tant
qu'il le voudra, et tant qu'on voudra l'écouter,
personne n'aura la pensée de le détrôner de son
tonneau. Mais si elles sont folles, dangereuses,
de nature à mettre en ébullition la foule pressée
autour du prédicant, croit-on que l'autorité doive
attendre qu'il ait épuisé son éloquence, pour lui
dire : C'est fort mal tout ce que vous enez de
dire là ? voyez dans quelle fermentation vous
avez mis vos auditeurs. Vous avez abusé de la
faculté accordée aux citoyens de publier leurs

pensées : or donc, en vertu de la loi, nous allons vous conduire en prison.—Mais le peuple ne veut pas laisser aller en prison son Démosthènes, il l'arrache des mains des gendarmes. Le pauvre 'diable, qui ne s'attendait pas à tant de vacarme, cherche à calmer la multitude, à lui faire comprendre qu'elle a tort de lutter contre la force publique. Alors la direction des esprits change subitement : « C'est un traître, c'est un agent provocateur ! pendu ! pendu ! » Aussitôt dit, aussitôt fait, car elle est expéditive, nous le savons, la justice de la voix de Dieu. Puis on brise les vitres des boutiques, on abat les réverbères, on élève des barricades, et le calme ne se rétablit dans la ville qu'après une bataille, une véritable bataille de de trois jours.

L'auteur d'une pièce présentée en public peut fort bien, à part le tonneau, le carrefour, être assimilé à mon Cicéron en plein vent ; il s'adresse, comme ce dernier, à une agglomération d'hommes toujours disposée à s'agiter, ainsi que l'Océan, soit en vagues mollement balancées par un souffle léger, soit en vagues irritées, soulevées en montagnes menaçantes par les colères de l'atmosphère.

Que de mal peuvent produire des scènes irritantes sur une pareille assemblée ! Et le mal est fait dans la séance ; vainement, le lendemain, on défendra la pièce; les esprits sont agités, ils s'enflamment encore plus par la disparition de l'ouvrage; il s'établit une fermentation sourde qui n'attend qu'une nouvelle étincelle électrique pour éclater en orage, en tempête, et l'expérience nous a fait connaître ce que sont les orages, les tempêtes des masses populaires.

Ainsi donc, si l'on peut prévenir le mal en confisquant un livre le lendemain de sa publication, on ne peut le prévenir, pour un ouvrage dramatique, qu'en n'en permettant pas la représentation, s'il est jugé dangereux; d'où la censure préalable, que je considère comme une des précautions les plus indispensables pour la garantie de l'ordre et de la tranquillité publics, comme une digue contre de grandes calamités. Je n'en fais nul doute, la diatribe intitulée *le Mariage de Figaro* peut revendiquer une part active dans l'érection des échafauds teints du sang de tant de nobles, de tant de riches.

Si la représentation d'une composition dramatique présente du danger, que dirons-nous de la lecture des feuilles quotidiennes? Il ne s'agit plus ici de livres lus, dans le silence du cabinet, par des hommes éclairés, en état de juger, de condamner ce qu'ils peuvent contenir de répréhensible. Il s'agit d'écrits répandus dans toutes les classes de la société, lus par des hommes qui ne sont pas tous en état de distinguer ce qui s'y trouve de bien de ce qui s'y trouve de mal ; d'écrits flattant nécessairement notre malheureux penchant à la critique, à la médisance, à la satire, à une opposition d'enfant gâté contre tout ce que fait le gouvernement. Car, ne nous y trompons pas, les journalistes sont bien moins *des écrivains* que *des industriels*. Ils fondent un journal comme d'autres une manufacture de glaces, une fabrique de tapis, de percale, de madapolam. Or, personne n'établit une manufacture de glaces pour procurer à nos dames le plaisir de mirer leurs frais et jolis minois ; c'est pour gagner de l'argent. De même un journaliste ne monte pas sa fabrique pour le plaisir ou l'instruction du public ; c'est pour gagner de l'argent. Aussi se passerait-il volontiers de lecteurs. Mais il lui faut des abonnés, et pour les obtenir, les conserver, il doit s'attacher à les intéresser, à les amuser, à les captiver ; et comment peut-on intéresser, amuser, captiver le Français ? le Français, le peuple javotte par excellence. Bon Dieu ! débitons-lui, pour son abonnement, force caquets de laitières, force cancans de portières ; comme les nourrices, des contes de revenants et de loups-garous ; épiçons tout cela d'histoires bien sombres.

Puis nous dirons au peuple que nous travaillons à former sa raison.

Ce n'est pas assez pour remplir un journal. Nous lui déroulerons un long tableau d'assassinats, d'infanticides, de parricides, de suicides, de viols, d'adultères.

Puis nous dirons au peuple que nous travaillons à son éducation morale.

Il faut compléter son instruction. Nous fronderons sans relâche le gouvernement, quel qu'il soit. Agit-il, nous le blâmerons d'agir ; n'agit-il pas, nous déclamerons avec indignation contre son inertie coupable. Demande-t-il un crédit pour percer une route nouvelle, nous profiterons de cette circonstance qu'elle doit passer près du château d'un homme influent, pour nous lamenter de ce que la richesse publique est immolée à des intérêts privés ; hésite-t-il à demander ce crédit, nous ne parlerons pas du château, et nous fulminerons des articles sanglants pour démontrer qu'il sacrifie à ses étroites idées de parcimonie les intérêts généraux ; nous expliquerons avec douleur comment cette route aurait été précieuse pour la circulation de nos produits agricoles et manufacturiers ; comment, par leur incurie, nos ministres paralysent l'écoulement de ces produits, et nuisent aux intérêts des producteurs, en diminuant les jouissances des consommateurs.

Et les affaires du dehors, c'est là que nous avons libre carrière !.. Le gouvernement semble-t-

il faire quelques préparatifs de guerre, nous avons
de la provision pour huit jours : que de beaux articles à faire sur les bienfaits de la paix, sur les
avantages de l'union fraternelle des peuples, dont
on répand l'or et le sang pour de misérables intérêts de dynastie! Reste-t-il tranquille? eh bien,
alors, si quelqu'un de nos voisins se retourne dans
son lit mal à l'aise parce que sous lui une feuille de
rose est pliée en deux, cela nous va encore mieux :
nous en avons là pour quinze jours d'accusations
de lâcheté, d'insouciance du droit imprescripti-
ble pour l'humanité de rejeter tout ce qui la bles-
se. Nous en avons pour quinze jours à nous api-
toyer sur les malheurs de ce voisin, sur la sé-
cheresse de cœur de nos ministres, assez égoïstes
pour rester sourds aux gémissements de cet in-
fortuné; nous noierons notre journal dans nos
larmes philanthropiques, et quand nous verrons
que le moyen est usé, nous passerons à autre
chose.

Et nous assaisonnerons le tout des grands mots,
toujours bien accueillis, de souffrance du peuple,
d'iniquité des gouvernants, de dilapidation des
finances, d'entraves aux libertés publiques, d'im-
pôts dévorant la substance du prolétaire. Et nous
n'aurons garde d'oublier la calomnie, cette excel-
lente arme de guerre, cette bonne durandal à
pourfendre les géants; nous frapperons à coups

redoublés avec ce grand sabre, on en garde des cicatrices quand on n'en meurt pas.

Puis nous dirons au peuple que nous travaillons à son éducation politique.

Et comme nous lui aurons soufflé chaque jour qu'il est malheureux, il finira par s'écrier : Nous n'y faisions pas attention, mais c'est pourtant bien vrai cela ! Que nous sommes malheureux ! — Et nous nous moquerons de lui, en humant les délicieux mollusques de Cancale. Si...... Je n'achève pas la phrase, elle se comprend dès le début. Que d'ambitions, que de projets, que de regrets, que de larmes souvent, dans ce seul mot : *si !*......

Il est évident que la liberté de la presse, avec cette extension abusive, nous a enrichis d'un métier jadis inconnu ; mais est-ce bien ainsi que, dans le principe, nos législateurs l'avaient comprise ?

Voici les termes de l'article 2 de la déclaration des droits de l'homme, placée en tête de la Constitution de 1791, et qui est conforme, pour le fond, au projet de Lafayette :

« La libre communication des pensées et des opinions est un des droits les plus précieux de l'homme ; tout citoyen peut donc parler, écrire, imprimer librement, sauf à répondre de l'abus de cette liberté, dans les cas déterminés par la loi. »

Ces dispositions me semblent très claires. Elles nous disent que Pierre ou Paul peut, en signant *Pierre* ou *Paul*, publier un livre, ou bien une brochure, pour émettre ses idées, bonnes ou mauvaises, sur un sujet quelconque, soit général, soit de circonstance, intéressant la chose publique. Mais entendent-elles que, sans prendre le nom de Pierre ni de Paul, sans par conséquent que le public sache à qui il a affaire, je puisse ouvrir une boutique où je débiterai, *comme marchandise*, non pas *mes idées*, mais celles qui me paraîtront propres à allécher les chalands, à faire prospérer mon commerce ? Entendent-elles que l'art d'écrire puisse être transformé en métier ? Voulaient-elles que la presse pût être *personnifiée*, en sorte qu'à l'ombre sous son invisible manteau, chacun eût le loisir de s'investir d'une sorte de magistrature, de prononcer ses arrêts avec le ton d'autorité d'un juge de cour souveraine, de régenter la société, de prétendre à la direction de l'opinion publique, de se déclarer rival du gouvernement, enfin de s'instituer l'un des pouvoirs de l'Etat ? Non ! certainement non ; et cette prétention est condamnée par l'art. 3 de la même déclaration : « Le principe de toute souveraineté réside essentiellement dans la nation. *Nul corps, nul individu, ne peut exercer d'autorité qui n'en émane expressément.* » Or, l'art. 11

précité confère-t-il une *autorité* quelconque aux écrivains ? Non , il constate seulement leur droit supposé de publier leurs opinions. Ainsi, la presse , en prétendant exercer une autorité , s'est mise en contravention avec l'article ci-dessus ; elle a été bien au delà des vues du législateur , elle a dégénéré en abus , et Charles X avait raison , dans ses ordonnances , en déclarant que la liberté du journalisme ne se trouvait pas dans la Charte, dont l'article 7 est ainsi conçu : « Les Français ont le droit de publier et de faire imprimer leurs opinions , en se conformant aux lois qui doivent réprimer les abus de cette liberté. » Cet article comprenait la presse comme les législateurs de de 1791 ; il ne s'opposait pas à ce que chacun manifestât ses opinions, *sous sa responsabilité*; mais il n'admettait pas la transformation de la presse en puissance impalpable, traitant d'égal à égal avec les gouvernements, se plaçant même au dessus d'eux, et prétendant soumettre leurs actes à sa volonté souveraine. Voilà quelles étaient ses prétentions alors. Le roi ne pouvait les accepter. La presse quotidienne s'était mise en dehors des conditions de l'article 7 par ses exigences exagérées, hors de toute mesure et de toute raison ; elle usurpait un pouvoir qu'il ne lui conférait pas ; elle n'était plus la presse protégée par cet article , elle ne pouvait pas en invoquer le bénéfice. Il était du

devoir protecteur de la royauté de s'opposer à
la consolidation d'une tyrannie illégale et mon-
strueuse. Dans cette lutte de la justice, de la raison, contre une usurpation délétère, Charles X a
succombé; n'importe! il voulait sauver la France.
Nous apprécierons sa conduite plus tard, et la nation aussi.

Par malheur pour elle, la France, en ce moment solennel, ne comprend pas qu'elle nourrit
dans son sein un serpent aux morsures mortelles :
l'imprudente applaudit au triomphe de ses morsures! Et la presse continue de distiller son venin
corrosif; elle empoisonne Louis-Philippe comme
elle avait empoisonné Charles X, et de sa bave
infecte naît une République, qu'elle empoisonnera
bientôt à son tour, si la République ne l'écrase pas
sans pitié. Beaucoup peut-être regretteront peu ce
gouvernement; mais celui qui lui succédera sera
condamné, dès sa naissance. à une mort pro-
chaine, si la France, comme son bourreau, le
livre à l'hydre prête à l'étouffer de ses mille replis.
Que la France l'écrase, ou bientôt elle sera dé-
vorée elle-même.

Anathème donc à la presse! mais à la presse
telle qu'elle s'est établie progressivement, par une
fausse interprétation des lois qui la concernent;
à la presse *puissance, pouvoir malfaisant;* à
la presse, enfin, l'ennemie de la société : certes,

elle l'a suffisamment prouvé pour que nul n'en doute. Conservons-la telle qu'elle peut être comprise raisonnablement, comme simple moyen de communication, entre les hommes, d'idées utiles. Toutefois, pour qu'elle nous présente des garanties suffisantes contre le retour des abus dont elle s'est rendue coupable, il importe d'exiger que chaque article de journal, chaque article de discussion bien entendu, soit, comme un livre, signé de son auteur, afin que le lecteur sache quelle dose de confiance il peut accorder à ses écrits, afin que les journaux ne soient alimentés que par des écrivains connus et recommandables, que par des *littérateurs,* des *publicistes*, non par des apprentis plumistes fabriquant des articles folliculaires à la tâche, comme un apprenti maçon gâche du plâtre lâche ou serré, selon les besoins du compagnon. Il importe enfin que le gouvernement avise contre le journalisme à des moyens de compression sévères (1), surtout pendant quel-

(1) Bien entendu, dans le cercle tracé par la Constitution. Elle n'est pas bonne, tant s'en faut; il faudra la remanier, elle aura besoin d'être considérablement revue, corrigée et diminuée : mais enfin, tant qu'elle n'aura pas été modifiée régulièrement, il faut l'observer. Contractons l'habitude de respecter les lois, même lorsqu'elles sont reconnues imparfaites.

que temps, pour l'habituer à se renfermer dans
les limites du rôle modeste que la prudence peut
seulement lui permettre, et pour ramener le calme dans nos esprits, entretenus dans une trop
longue fermentation par des déclamations dont il
est sage de nous sevrer complétement. La France
a la fièvre, il lui faut un régime doux pour la gué-
rir. Cherchons le bonheur dans nos travaux, dans
nos ménages. Arrière de nos familles la discorde
qu'y introduiraient toujours les discussions politiques; trêve à ces débats qui n'ont d'autre résultat
que de nous enflammer le sang et de nous donner
des airs de possédés du démon. Gouvernons tran-
quillement nos petites affaires, et laissons aux
malheureux qui veulent bien s'en charger le soin
de gouverner les grandes ; ne les tourmentons
pas : leur tâche est assez rude déjà. Surtout re-
stituons-leur la confiance que la presse leur a
confisquée par ses accusations sans trêve ni repos,
accusations perfides, mensongères, injustes.

Je l'ai toujours entendue crier à la tyrannie.
Quand avons-nous eu la tyrannie? (Je ne parle
pas de nos temps de désordre, ma question ne s'a-
dresse qu'aux gouvernements réguliers.) A cette
question, je réponds : Jamais'; pas même du temps
de Napoléon! J'ai vécu sous son règne; il était
fort, il protégeait puissamment la société, il impo-
sait silence aux bavards, aux factieux. Quant aux

particuliers, ils jouissaient, pour tous les actes de leur vie privée, de la liberté la plus absolue; ce sont les bavards, les factieux, qui se plaignirent de sa tyrannie. Napoléon avait raison ; nous étions tranquilles sous ses lois : nous ne l'avons plus été depuis qu'ils ont été démuselés.

Le règne de Charles X était-il tyrannique? Non; mais il a voulu renverser la tyrannie des bavards, des factieux, et cette meute aboyante l'a poursuivi jusqu'à nos frontières, même au delà, car elle n'a pas la pudeur de respecter l'infortune.

Ils ont renversé Louis-Philippe. Son gouvernement était-il tyrannique? Non; mais il avait laissé trop libre carrière aux bavards, aux factieux; et ceux-ci poussant la licence jusqu'au point d'appeler aux armes contre lui, il a cru se trouver inexpugnable derrière la légalité; il l'a crue une digue suffisante contre les débordements de ce torrent bourbeux. Mais cette digue a été emportée sans peine. Qu'est-ce que la légalité dans un siècle où l'on ne respecte rien?

Je pourrais remonter plus haut. Dans mon enfance, je n'entendais parler de Louis XVI qu'avec tendresse, vénération, ce qui paraissait tout naturel alors, car il est dans le caractère du Français d'aimer, de chérir, d'adorer ses rois. Combien il a fallu de calomnies, d'écrits furibonds, de me-

nées ténébreuses; combien il a fallu répandre de
fiel pour changer tant d'amour en haine impitoya-
ble! On y a réussi pourtant. La France, un jour,
se réveille oppressée, se croyant sous l'impression pénible d'un rêve de sang. Ce n'était point
un rêve, le sang avait coulé. Et quel sang! Mal-
heureuse France! malheureux roi!

Voilà les maux dus à la presse. N'aurais-je pas
le droit de la maudire si je n'étais pas chrétien?

Ne la maudissons pas, chargeons-la de chaînes.
Mais, pour retrouver notre tranquillité, il faut
bien d'autres choses que des mesures de répres-
sion contre ses écarts. Et du nombre de ces choses, je signalerai seulement un miracle : il fau-
drait réussir à faire germer quelques grains de
raison dans les cerveaux français. Le peuple offre,
depuis nombre d'années, un triste sujet d'étude à
l'observateur. Avec quelle légèreté, quelle insouciance il s'élance d'un régime dans les bras d'un
autre régime tout contraire! Pauvre peuple enfant! Un jour de grande revue tu cries : Vive la
République! Oui, tout ce qui t'offre la moindre
apparence de fête est assuré de t'entraîner hors
de ta demeure, de te répandre à flots sur la voie
publique. Qu'on t'annonce l'entrée dans Paris
d'une de nos armées victorieuses, tu crieras : Vi-
vent nos braves guerriers! comme je t'entendais
naguère, à la vue de hordes étrangères, crier : Vive

Alexandre, vive Blucher! Et tu prétends à l'esprit national! Pauvre peuple enfant! Le lendemain du jour que je rappelle, où tu saluais la République de tant d'acclamations; ce lendemain, anniversaire de la mort de Napoléon, tu fais le tour de la colonne de la place Vendôme, aux cris de: Vive Napoléon! S'il fût descendu de sa colonne, tu l'aurais porté triomphalement aux Tuileries; il n'aurait plus été question de la République, personne n'aurait demandé qu'elle fût révoquée, personne n'aurait pris sa défense, elle se serait éteinte d'elle-même. Quinze jours après, peut-être, te serait-elle revenue en mémoire, et de t'écrier : Il faut avouer que nous étions bien fous avec notre République! où nous aurait-elle conduits?

Malheureusement, nous en sommes à nous demander : Où nous conduira-t-elle? Car Napoléon n'est pas descendu de sa colonne, il ne s'est pas réveillé dans son caveau de marbre aux Invalides. Où nous conduira-t-elle? Qui sauvera la France? qui sauvera l'Europe?

Nous avons exilé celui qui, par sa haute sagesse, a maîtrisé pendant 18 ans les passions insensées qui se précipitent, en laves bouillonnantes, sur toutes les terres européennes. Oui, nous l'avons exilé. Mais après les calomnies incessantes dont on a pris à tâche de le salir, après la folle imprudence, l'ingratitude d'un peuple qui n'avait à se plaindre que d'avoir joui d'une trop longue prospérité, d'un trop long bonheur ; après le délire, enfin, renaîtra la raison, la justice après l'iniquité.

En attendant la réparation solennelle due à cette illustre infortune, à cette auguste victime de nos égarements, moi, témoin attristé des maux dont elle avait su nous garantir si long-temps ; moi récapitulant, le cœur navré, dans ma solitude, les événements passés ; cherchant à percer le nuage qui dérobe à mes regards, à mon inquiète curiosité, les événements futurs ; moi, je préviens le jugement de l'histoire ; je me lève, je me découvre avec respect, et je dis, ce qu'elle dira plus tard : Honneur à Louis-Philippe !

Nous l'avons exilé pour le remplacer par la République. Fera-t-elle autant que lui ? Qu'elle essaie, et qu'elle travaille d'abord à nous rendre ce qu'elle nous a fait perdre en venant au monde. Je n'ose l'espérer, attendu qu'elle repose sur des principes qui ne peuvent qu'engendrer le désordre ; et cela ne devrait être douteux pour personne, car enfin l'instruction du procès de ces principes doit être terminée aujourd'hui. Qu'ont-ils produit ? Nous ont-ils donné le bonheur ? la tranquillité ? la paix ? la prospérité ? Ils nous ont donné cinquante ans de troubles, d'agitations,

de désordre social, de crimes politiques, de guerres civiles, de guerres extérieures; ils nous ont
donné la dissolution de tous les liens sociaux; ils
nous ont donné l'extinction complète du sentiment moral, du sentiment religieux, dans toutes
les classes de la société; ils nous ont donné enfin
une série de révolutions dont le dernier numéro
n'est pas encore sorti, sans doute, de l'urne
mystérieuse du temps.

Comparons avec ces tristes résultats ce que
nous devons à la monarchie française, abolie comme un obstacle au bonheur général.

Elle nous a donné la France... oui la France.
Qu'étaient nos premiers rois? Ils n'avaient de la
royauté que le nom; en fait, ils n'exerçaient aucune action directe, aucune autorité directe sur
les sujets des seigneurs, leurs vassaux, qui re-
connaissaient bien leur suprématie, mais à titre de
suzeraineté, non de royauté. Leurs lois n'avaient
de pouvoir que dans leurs domaines; elles n'é-
taient pas reconnues, adoptées par les ducs, les
comtes, les barons, qui gouvernaient le peuple,
chacun chez lui comme il l'entendait, et chacun
l'entendait fort mal. Il faut remonter à la féoda-
lité pour trouver l'époque de la plus grande dé-
tresse du peuple.

A force d'habileté, de persévérance, et l'ignorance des seigneurs aidant, nos rois parviennent,

non pas encore à rendre les lois uniformes, au moins à en concentrer l'action dans leurs justiciers. De ce moment ils exercent une action directe sur le peuple, qui, recevant partout la justice en leur nom, s'habitue à les considérer comme ses chefs suprêmes. L'autorité des seigneurs décroît de jour en jour, et la puissance des rois grandit dans la même proportion, toujours dans l'intérêt du peuple, qu'ils retirent de l'arbitraire, qu'ils enlèvent à des lois dictées par l'ignorance et le despotisme le plus brutal, pour l'admettre au bénéfice de lois dictées par la raison, par l'étude éclairée des éléments constitutifs du bien général.

La monarchie ne s'arrête pas là. Soit par ses alliances, soit par des confiscations motivées, soit par des traités, nos rois réunissent successivement à leurs domaines les diverses provinces dont ils n'étaient d'abord que simples suzerains, et ils forment la France telle qu'elle est aujourd'hui : Etat compact, arrivé à une fusion complète ; en sorte qu'à part peut-être l'Espagne, il est le seul de toute l'Europe dont toutes les parties soient parfaitement soudées l'une à l'autre, dont aucune n'ait de tendance à se détacher de l'ensemble. Quelle est la province qui accepterait de cesser d'être française ?

Et ne supposons pas qu'une pareille agrégation aurait pu s'effectuer également sous la ré-

publique. Jamais ! il fallait la monarchie, attendu que le pouvoir monarchique est un aimant qui
attire à lui tout ce qui se trouve à sa portée, par
la raison que son essence est la force, la stabi-
lité, qu'il inspire la confiance, qu'on le considère
comme une puissance protectrice, et que tous
les petits peuples environnants sont entraînés,
pour l'intérêt de leur sûreté et de leur tranquillité, à se grouper sous son égide. C'est là, en
peu de mots, l'histoire de toutes les monarchies.

Si les républiques se sont agrandies aussi, ce
n'était que par la violence; ce ne pouvait être par
l'attraction. Le pouvoir démocratique est un dis-
solvant en permanence, par la raison que son essence est la faiblesse, l'agitation, la turbulence,
le caprice, le changement, qu'il n'inspire aucune
confiance dans la durée de ses actes; par la raison,
de plus, qu'il repose sur la souveraineté du peuple, dont chaque partie a une tendance naturelle
à s'isoler, à se détacher d'un tout qui ne l'attire
à lui par aucune sympathie. C'est là précisément
ce que nous avons vu en 1848. Les départements,
fatigués des révolutions périodiques opérées à
Paris, manifestaient déjà une disposition assez
prononcée à secouer ce joug d'inconstance, à se
rendre indépendants de la capitale : c'est-à-dire
que, de ce moment, la France entrait en dissolution ; c'est-à-dire que la république nous

préparait un résultat inverse de celui qui était dû aux longs travaux de la monarchie.

Et quand nos rois sont parvenus à amener la France à l'unité , ils ont donné tous leurs soins à son organisation intérieure ; ils ont imprimé une direction raisonnée à l'administration , ils ont encouragé l'industrie , le commerce , les sciences , les arts ; ils ont donné à la France une prépondérance non contestée dans la diplomatie de l'Europe ; ils ont, enfin, ouvert au peuple français l'avenir le plus brillant d'illustration , de gloire et de prospérité ; et cela au milieu des intrigues de cour, des guerres intestines, des guerres civiles et religieuses : car ils ont eu long-temps à défendre leur puissance. Ce n'est qu'à compter de Richelieu que tous ces ferments de troubles ont été étouffés ; c'est seulement à compter *de son règne* que l'action de la royauté a joui de sa pleine liberté , qu'elle a pu s'occuper exclusivement du bien public.

Elle a fait des fautes, je ne le nie pas. Mais remarquons , pour son excuse, que rien n'était défini en France : elle sortait du chaos ; la monarchie ne pouvait marcher qu'en tâtonnant ; il fallait encore trois ou quatre générations pour reconnaître , établir les meilleures bases définitives de gouvernement , pour nous donner des lois fondamentales qui manquaient à nos rois, privés, par-là, d'un guide, et contraints à faire des essais qui ne pouvaient pas être tous heureux : car il est dans notre nature de n'arriver jamais au bon qu'en passant par le mauvais.

Mais déjà la royauté avait éclairci les ténèbres qui l'environnaient ; elle commençait à distinguer ce qu'il y avait à faire. Louis XVI s'en occupait sérieusement. Malheureusement Turgot, avec lequel il travaillait à déterminer les bases d'un travail général de réformes, a voulu, je le crois, aller trop vite dans l'exécution ; il entendait à l'avance les applaudissements que devait exciter son œuvre, il n'écoutait pas les plaintes qu'elle devait soulever. Il a compromis par trop de précipitation le succès des améliorations projetées et dont on ne peut nier la sagesse. Le projet n'en existait pas moins, il aurait été repris plus tard ; les esprits qui s'en effrayaient se seraient familiarisés insensiblement avec la perspective de son application, et un peu d'adresse, un peu de prudence, soutenues par de la fermeté, auraient suffi pour les déterminer à le recevoir, sinon sans murmures, au moins sans résistance : le bien se serait opéré, comme il doit s'opérer toujours pour être durable, lentement.

Mais alors la Folie accourt pour éparpiller en quelques heures, avec sa marotte, l'œuvre laborieuse de douze siècles. La France, reniant

le principe monarchique, *auquel elle devait d'être,*
s'abandonne aveuglément aux spéculations les
plus insensées ; elle anéantit tout , elle veut remplacer tout en quelques semaines ; elle lance le
navire dont elle a pris le gouvernail sur une mer
non explorée, et , guidée par un fanal trompeur,
elle vient se perdre sur des écueils , où elle se
débat encore contre des vagues tumultueuses qui
s'entre-choquent autour d'elle pour la précip ite
d ns l'abyme.

Je viens d'établir le bilan de la monarchie et
de la souveraineté du peuple. Laquelle comprend
le mieux les affaires ? avec laquelle doit préférer
s'associer quiconque n'entend se livrer à aucune
opération hasardée , et surtout veut être assuré
de la possession de ce qu'il aura gagné ? Le
choix de l'homme sage, qui n'aspire qu'à l'ordre,
ne peut être douteux un seul instant. Le choix
de l'intrigant, qui n'aspire qu'au bouleversement,
ne peut pas être incertain non plus ; mais , dans
le sens contraire , je ne me rangerai jamais sous
sa bannière.

Voilà par quels motifs je ne suis républicain
ni de la veille , ni du lendemain , ni même d'aujourd'hui. Cependant, puisque nous avons la Ré-

publique, je crois que nous devons l'accepter sans arrière-pensée, et lui laisser tout le loisir de prouver ce qu'elle est capable de faire aujourd'hui ; nous devons lui donner le temps de démontrer, ou qu'elle ne convient pas plus au Français de 1850 qu'au Français de 1793, ou qu'au contraire nous avons été suffisamment préparés à cette forme de gouvernement. Il faut, enfin, que l'épreuve soit définitive.

Si elle est favorable à la République, je le déclare franchement, je lui donnerai mon plein assentiment : car, différent en cela de grand nombre de nos patriotes du jour, avant tout j'aime mon pays ; quiconque fera son bonheur peut, à l'avance, être assuré de mes applaudissements, de ma reconnaissance.

Imp. de Guiraudet et Jouaust, r. S.-Honoré, 315.

www.ingramcontent.com/pod-product-compliance
Lightning Source LLC
Chambersburg PA
CBHW060511210326
41520CB00015B/4188